떠나가버린 옛님께 바침

효전 시집

떠나가버린 옛님께 바침

범우사

서문

살아생전에 못다했던 말들은
죽어 가장 뼈아픈 눈물을 떨군다 하였다.
하고픈 말 바보처럼 못다하여
미뜽 위로 눈물 떨구는
그런 오류는 결코 범하지 않을 작정이다.
나는 그 날 결심했다.
글을 써야겠다고
내 가슴속에 담겨져 있는 모든 것에
글이라는 옷을 입혀야겠다고 생각했다.
내 골수에 맺혀있는
모든 이야기를 해야겠다고 생각했다.
내 뇌수에 박혀있는 모든 기억들을
정을 쳐 돌을 조각하듯
글로 박아야겠다고 생각했다.
새삼 이제 또 못할 말이 무언가.

人生, 생각보다 그리 길지 않다.
나는 하고 싶은 말을 다 하였다.
당장 내일 죽어
두 번 다시는 못 본다는 가정하에
나는 내가 오랫동안 벼러왔었던
하고 싶은 말들을 다 하였다.
그러하므로 나는 여한은 없다.
나는 이제 아무것도 두렵지 않다.
보다 자유롭게 살 것이다.
보이지 않는 틀에서 나를 영원히 해방시킬 것이다.
나는 나의 선택과 결정을 믿으며
이런 나 자신에게 무한한 경의를 표한다.

이제는 내게서 다 떠나가버린 사랑하던 나의 모든 옛님들께 이 시를 바칩니다.

2018년 시월 마지막 날에

효 전

■ 일러두기

글의 맛을 살리기 위해 경상도 사투리와 옛말을 그대로 쓴 곳이 있으니 참조하시기 바랍니다.

차례

떠나가버린
옛님께 바침

사랑

봄이 되어 새잎이 나면
각혈하는 진달래꽃처럼.
내 가슴은 늘 아파야 했다.
사랑이란 그런 거였다.

그 때부터 그 꽃은

봉긋하게 꽃봉오리 생긴
어린 소녀의 봄날
청년같은 붉은 해가
귓가에 대고 뜨겁게 속삭였다.
나는 너를 너무 사랑해.
너 없이는 숨 쉴 수가 없어.
달도 별도 다 버릴 수 있어
너 하나면 돼.
그 때부터 그 꽃은
해바라기가 되었다.

그리운 내 님은

나는 날마다 꿈을 꿉니다.
바다처럼 아득하고
별처럼 푸른 꿈을 꿉니다.
언제나 내 님은 그 언덕에 서서
나를 기다리다 환하게 웃으며
두 손 흔들며 뛰어오곤 합니다
그리운 내 님은 서쪽나라에 있습니다
그리운 내 님은 서쪽나라에 있습니다.

불이(不二)

저기 저 붉은 저 꽃도
푸른 잎이 化하여 꽃이 되었다지요.
이렇게 우리 서로 못잊는 것은
어쩌면 당신이 化하여 내가 되고
내가 化하여 당신이 되어선지도.

당신과 나 사이에

그 옛날 당신이
나를 좋아했던 것처럼
나는 내 달그림자가 좋습니다.
소쩍새 우는 달밝은 밤
뜰앞에 서성이는
내 달그림자가 나는 좋습니다.
우두커니 달보며 서 있는
저 내 달그림자가 나는 좋습니다.
그리고 나는 압니다.
당신도 이러고 계신 줄.
당신도 알 겁니다.
내가 이러고 있는 줄.

너는 죽어

너는 죽어 무엇이 되려느냐
너는 죽어 무엇이 되려느냐
진달래 먹고 붉은 피 토하는
뒷산 소쩍새 되려하오.
진달래 먹고 붉은 피 토하는
뒷산 소쩍새 되려하오.

나는 죽어 나는 죽어
진달래 될 터이니
너는 죽어 너는 죽어
뒷산 소쩍새 되거라.

밤이 되면 소쩍소쩍
밤이 되면 소쩍소쩍
신호를 보내다오.
달빛속에 손잡고
달빛속에 손잡고
끝없이 걷자꾸나.
끝없이 걷자꾸나.

사랑한 사람

숨이 떨어지는 그 순간
관에 들어가는 그 순간
관속에서 삼일간
화장막에 들어가며
불 들어간다는 말을 듣는 그 순간
심장이 뜨겁게 불타는 바로 그 순간
눈물나도록 보고싶고
사무치게 생각나는 그 사람이
바로 자기가 사랑한 사람일겁니다.

그 옛날 그 날 밤도

어젯밤 달이 좋아
뜰앞을 빙빙 한참이나 돌았다.
그 옛날 그 날 밤도
그 옛날 그 날 밤도
저 달이 저렇게 좋았었지.
섣달 보름 둥근 달.
울 듯 말 듯
애처러운 눈빛으로
뒷산 창가에 걸린
새벽달이 설코나.

미아(迷兒)

모두들 어디로 갔을까
이렇게 찬 비 내리는 검은 밤
나를 놔두고 어디로들 다 가버렸을까.
아, 나는 바닷가 기슭 화석(化石)이나 되어야겠다.

목걸이

달빛 촤르르르
바다 위에 부서져 꿈꾸는 바다.
그리운 내 님
달빛속에 밤새워
바닷속 푸른 별 실로 꿰어다가
내 목에 걸어주셨네.

나는 어이타

비마저 안 온다면
아 아, 기어이 미쳐버렸을 이 밤.
목줄기로 쓰린 술잔을 쏟아 붓듯이
아픈 비가 저리도 내리는구나.
아 아, 나는 어이타
사랑을 다 잃어버리고도
이렇게 살아있누.

비틀거리는 밤

아, 쓸쓸한
시월의 아픈 밤이여!
서룬 밤이여!
눈물진 밤이여!
어찌 할 수 없는 사무친 밤이여!
비틀거리는 밤이여!

먼 옛날 그 날 밤도
달빛이 이리 좋은 밤이었다오.
우리는 좋아서
너무 좋아서.

노트

옛기억의
빛바랜 노트속엔
당신의 이름이 있었다.
검은 머리칼로
비에 젖어
수 많았던 날
몸부림쳐 울었었던
내 간절했던
당신의 이름이 있었다.

휘파람새

스물다섯에 각혈하며
죽은 우리 옴마는
서당골 진달래 되고
미뚱 위에 엎드려
울던 우리 아부지는
풍산터 휘파람새 되고
진달래 먹고 진달래 먹고
밤마다 밤마다 휘이 휘이.

나와 당신은

하루종일 오늘 난
젖은 빗길을 헤매고 다녔다.
까만 밤이 되고
그리움은 하얗게
사방을 회칠하며
밤새도록 허우적거리고 있다.
찬 비 내리는 겨울밤
눈물도 삼킨 밤
비틀거리는 나와 당신은
꿈길 어느 길모퉁이에서 마주칠까.

지나고 나면

비는 밤마다 계속 되었다.
낮엔 창창한 얼굴을 하고
애써 웃고 있었지만
밤이 되면 못 견디게 울곤 하였다.
울지 말거라,
울지 말거라,
울지 말거라.
지나고 나면
지나고 나면
그 어떤 슬픈 눈물
그 어떤 아픔이었다 해도
그리움이 된다.
그리움이 된다.

저는 압니다

서운해 하지 마셔요.
당신을 잊은 게 아니랍니다.
근간 많이 좀 아팠댔어요.
비가 많이 왔지만
갈 수 없었습니다.
서운해 하지 마셔요.
저는 압니다.
바닷속에 계신
당신이 바로 저란 걸.

옴마

스무나무 우리 옴마
지아비 죽은 줄 모르고
7월 삼복 더운 날
부석의 벌건
숯덩이를 집어다가
곱게 곱게
아부지 모시옷을 다려다가
대나무 옷걸이에 걸며
부스럭 소리에도
삽짝문 열고
버선발로 뛰어 나가시던
스무나무 우리 옴마.

마음을 연다는 것은

저 쪽에서 내게
거친 손을 보여주면
나는 갈라진
내 발뒤꿈치를 보여주었다.
인간관계란 그런 거였다.
서로에게 마음을 연다는 것은
누구에게도 말 못하고 숨겨왔던
가슴속의 상처를 보여 주는 거였다.

아버지, 그리고 그 아버지의 아버지

고향집이 내려다 보이는 선산에서
아버지가 아버지의 어머니를 땅에 묻고
산 아래를 내려다보며 멀리
수산 낙동강 쪽을 바라보며
아버지가 아버지의 아버지를 초혼(招魂)한다.
아버지는 아버지의 아버지를
두 번도 채 부르지 못하고
아이처럼 울면서 마저 아버지를 부른다.
아, 초혼
그렇게 아버지의 아버지를 부르며
통곡하던 우리 아버지.
아버지는 아버지의 어머니를
찬 땅에 묻으며 난리통에 행불된
아버지의 아버지의 모시옷을
함께 빈 묘에 묻으며
아버지는 아버지의 아버지를
목매어 초혼한다.
"아버지. 아버지. 아버지."
아버지의 아버지를 세 번도
못다 부르고 통곡하며 부르던
아버지가 부르던

그 아버지의 아버지.
오늘 나는 그 아버지의
아버지를 부르던 아버지와
아버지의 그 아버지를 초혼하며
오늘 하루종일 눈이 짓무르도록
한없이 울고 또 울었다.

* 조부(우측)

독백(獨白)

당신께서도
7월
콩잎이 푸르고
자주콩꽃이
줄줄이 맺혔을 때
이렇게
불면의 밤을 보냈을 테지요.
아. 그 오랜 세월을
바닷속에 계시게 될 줄
누가 생각이나 했겠습니까.

아버지

아버지, 비가 내립니다. 아버지.
비오는 바다에 오니 아버지가 보고 싶습니다.
샛노란 은행잎이 바람에 흩날리고
붉은 단풍잎이 찬 비에 지는 것을 보고
밤바다로 왔습니다.
아버지, 하모니카를 불러주세요.
하모니카를 불러주세요.
채송화도 봉선화도 한창입니다 하는
어릴적에 불러주시던 바로 그 노래요.

나 죽거든

먼훗날
나 죽어
쓸쓸한 내 무덤가에
진달래꽃 꺾어쥐고
찾아와주오
비오면 눈오면
달뜨면 찾아와주오
지금의 나처럼
눈물젖은 눈으로
노래를 불러주오
노래를 불러주오
두만강 푸른 물에 그 노래를
흘러간 그 옛날의 그 노래를
언제나 오려나 그 노래를.

바보같은 그 사람은

바보같은 그 사람은
나를 그렇게 울게 해놓고
고작 내게 해준 것이라곤
주머니에 있는 손수건을 꺼내
울면서 누워있는 내 눈물을
닦아준 것 뿐이었다.
바보같은 사람아,
당신은 나를 아무 말없이
아무 말없이 꼭 안아줘야 했었어, 알아.

시월 상달

개울가 늙은 감나무
기러기 날으는 물속에 있네.
누런 가을 익어가고
갈대 설워우는 밤
시월 상달 달빛속
산길을 걷네.

원점(原點) 1

그 우산을 다시
찾을 길은 없어진 듯합니다.
창밖을 떠돌던
유령같은 내 생각들은
조각조각 하얗게 찢어져
먼지 낀 거울 속으로
종종종 뒷걸음치며
팟—하며 사라져버렸습니다.

눈물이 나오

눈물이 나오.
눈물이 나오.
꽃같은 봄밤에 눈물이 나오.
꽃같은 봄밤에 눈물이 나오.
나의 벅찬 기쁨은 저 산과 같고
말할 수 없이 큰 나의 슬픔은
저 바다와 같다오.

황홀한 저 바닷속으로

달빛이 부서지는
차가운 밤바다
황홀한 밤바다.
아—하고
외마디 비명을 지르며
바닷속으로 별들이 떨어진다.
황홀한 밤바다
죽도록 보고 싶었노라
후회없이 나
당신을 사랑했노라 소리치며
별들이 떨어진다.
달빛이 부서지는
황홀한 저 바닷속으로.

비

비가 와.
가만,
그래
가만,
그래
움직이지 마.
가만히
엎드려
저 빗소릴 들어 봐.
하늘에서 비가 내려.
그 날처럼.

창가에

내 창가에
당신 창가에
달빛속에
서성이는 청댓잎처럼
그리움의 그림자가 어른거린다.

봄비

찬 바다 위로
아픈 비가 가슴치듯 내린다.
아, 아, 붉은 꽃잎이 찢어지는 소리
내 님이 우는 소리.
아 아, 외론 밤이여!
쓸쓸한 밤이여!
검은 밤이여!
쓰라린 밤이여!
어찌 할 수 없는 밤이여!

그 날

그 날 밤
눈이 많이도 왔었지.
당신을 뿌리치고
골목길을 뛰어 열차를 타러 갔었지.
쉬익__쉭 소리를 내며
차가운 쇠바퀴 움직일 때
차창 밖으로 멀리
이리저리 뛰어다니며
나를 찾는 당신을 보았었지.
아주아주 오래전 그 날.

고백(告白)

언젠가부터
제게 바다는
빗물처럼
눈물처럼
너무도 슬펐습니다.
비만 오면
중독된 사람처럼
바다로 뛰어갔습니다.
스물한 살 때부터였어요.

알 수 없어요

영면(永眠)이 죽음의 길이라면
불면(不眠)은 죽음의 그 반대인가요,
아니면 그 옆인가요.

우리는 달을 사랑하여

우리는 달을 사랑하여
달만 뜨면 손 잡고
달빛속의 사람들이 되곤 하였다.
달그림자 앞세우고
죽도록 변치 말자
한 날 한 시 죽자고
손가락 걸고 맹세했었지.
달빛 속에 나는 너를
달빛 속에 너는 나를
우리는 달을 사랑하여.

동천(冬天)

그 옛날 아홉 살
남동생 국이는
물 뿌린 듯 반짝이는
북두칠성을 손가락으로 가리키며
"누부야, 저기 똥바가지 바바!"
섣달 차가운 동천(冬天)
눈물젖은 눈으로
내려다보는 저기 저 별은
세상에서 내가 제일 좋댔던
열세 살 우리 국이 별.

거울속의 나에게

날마다
거울 앞에 서서
두 눈 맞추고
서로를 바라본
나, 당신을 사랑해요.
같이 웃고
같이 눈물 흘려온
내 정다운
내 사람의 얼굴.
나, 당신을
당신을 나, 사랑해요.

사랑하였으므로

울지 말아요
나 괜찮아, 괜찮아요
먼 옛날
뜨거웠던 그 약속
저 강물 속에 흘러 가버렸다해도
나 괜찮아, 괜찮아요.
후회없이 나 당신을 사랑하였으므로
나 괜찮아, 괜찮아요
나는 당신을 사랑하고
당신도 날 사랑하였으므로.

이 까만 밤은

먹물이 뚝뚝 떨어지는
아, 아, 이 까만 밤은
잠 못드는 身熱의 이 까만 밤은
비 내렸던 어젯밤의 연속선인가.
이 까만 비내리는 밤은.

당신은

당신은 늘
내 얼굴을 만지며
꽃이라 불렀지만
언제나 비처럼
날 울게 하였지요.
그렇게 날 울렸던
눈물같은 당신은
어젯밤 어젯밤
저 하늘 별이
저 하늘 별이 되어버렸어.

결론(決論)

나는 나 자신 외
아무도 믿지 않기로 마음 먹었다.
내 깊은 상처의
마지막 결론이었다.

나처럼

그리움이라는 이름이
빽빽히 박힌 꽃
그대는 해바라기.
그대는 너무 슬퍼요
나처럼.

산길을 지나가다

이름모를 산길 지나다
외로이 홀로 핀 산국화 보았네.
저기 저 허물어진 미뜽은
꿈에도 못 잊었을
前生 내 님의 미뜽일까.
산에 산에 핀 저 꽃
님 그리다 죽은
스물 여섯
내 가여운 넋일까.

애장터

이렇게 찬 날
니가 땅속에 들어갔구나.
어린 니가 얼마나 무서웠을까.
이 길을 얼마나 맴돌았을까.
너를 생각하면 목매인다.
사무치도록 니가 보고 싶구나.
얼음두께 같은 세월 사이로
웃고 있는 니가 보인다.
웃고 있는 내가 보인다.
내 지금 어디로 가면
너를 만날 수 있을까.

당신과 나는

당신과 나는
전생에 무슨 죄를 지었기에
이렇게 서로 가슴 아파야 하는가.
당신은 나를 부르며
나는 당신을 부르며
에이에에 에이에에
아, 아 꾸지나 말았어야 했을.

11月에 내리는 비

가을비가 오네, 쳐북쳐북
파르르 떨던 그 날 당신의 눈시울처럼
가을비가 오네, 쳐북쳐북
나의 멍든 가슴처럼.
가을비가 오네, 쳐북쳐북
멀어지던 그 날 당신의 발자욱처럼.

우리 서로가

이렇게 사랑하는 것은
우리 서로가
이렇게 애틋한 것은
언젠가 우리 서로가
먼 별로 헤어질 것을
우리 서로가 알기 때문이다.
슬프지만 그래도 괜찮은 것은
우리 서로가
언젠가 다시 이렇게
만날 줄 알기 때문이다.

찔레꽃

어릴 때 우리집 정지 앞에
하얀 찔레꽃나무가 한 그루 있었다.
찔레꽃을 좋아하는 옴마를 위해
손에 가시까지 박히면서
아버지가 예쁜 찔레꽃나무를 뽑아다가
옴마가 설거지 하는 우물가에 심어주셨다.
47년 전의 그 일은 내 어린 기억 속에
아버지가 옴마에게 해준
가장 아름다운 그림이었다.

사랑의 슬픔

나의 슬프도록
아름다운 기억들은
어느 날 까만 생머리칼처럼
싹둑 잘려져 투명유리 병속에
그대로 봉인되어 버렸다.
아무튼 내 모든 것들은
물거품처럼 사라져 버렸고
남은 것은, 남은 것은
아무것도 아무것도 없었다.
정말이지 아무것도 없었다.

전생에 님일 것 같은 님께

아, 오늘이 70번째 기일이군요.
부디 부디 편안하시기를.
좋은 몸 받아 다시 환생하셨기를
저와도 다시 꼭 만나게 되기를
지금 이 글도 보여주게 되기를
울게 되기를
웃게 되기를
서로 사랑할 수 있게 되기를.
스물여섯
조문상 당신께.

개장수

개애 삽니다.
염소오 삽니다.
개나 염소 삽니다.
개애 삽니다.
염소오 삽니다.
개나 염소 삽니다.
개애 삽니다.
염소오 삽니다.
개나 염소 삽니다.
산동네에
개장수가 왔다.
동네 개들이 조용~하다.

원점 2

나는 되돌아 가버렸다.
당신을 만나기 하루 전으로.

연인(戀人)

그 옛날 당신이 내게 주신 편지
오늘밤 꿈길에서 업어 주신다면
부치지 못한 그 때의 답장
키스와 함께 드리겠어요.

사랑하는 사람아

눈가가 짓무르도록
유월 장맛비가 내린다.
사랑하는 사람아.
창밖에 내리는 저 비를 좀 보오.
그대처럼 나처럼
저 비가 울고 있소.

사랑은 영원하다고 믿었다

열차의 차가운 쇠바퀴는
쉬익쉬익 소리를 내며 움직이기 시작하였다.
차가운 새벽기차를 타고
뜨거운 청춘의 가슴을 끌어안고
울음을 삼키며 떠나갔다.
사랑은 영원하다고 믿었다.
믿고 싶었다. 믿고 싶었다.
아니, 나는 지금도 그리 믿는다.
물거품이 되어버렸을지라도.

안드레아

참사랑의 길은
가시덤불 길이라더니
정말 그것은 사실이었다.
서로가 가슴 쥐뜯고 아파만 하다가
시간이 이젠 또 우리를
영영 다시는 볼 수 없도록 만들겠죠,
안드레아.

연민(憐憫)

나보다 광기(狂氣)가 더 심한 늬를 보면
순간 잠재적 나의 광기는 주춤해지는 법이다.
아, 저 늬는 무슨 상처가 저리 많아
저리 되었을까 하는 연민과 동시에 본정신이 드는.

당신은 몰라

아, 당신은 몰라.
내 마음이 얼마나 찢어진 줄을.
당신은 몰라, 당신은 몰라.
내 얼마나 아팠는지를.
당신은 몰라, 당신은 몰라.
내 얼마나 몸부림치며 울었는지를.

끝내 그렇게

지나 가버린 모든 것들은
우물속의 달처럼
끝내 그렇게 모두
하얗게 잊혀지고 말겠지요.

잊으라시면

당신께선 잊으라시면 잊어지던가요.
당신께선 잊으라시면 잊어지던가요.
당신께선 잊으라시면 잊어지던가요.

나는 세상이 하도 예뻐서

손가락으로 물을 촉촉 뿌린 듯이
별빛이 너무 아름다운 밤이었습니다.
뒷논 산밭에는 개구리와
휘파람새가 울고 있었지요.
나는 세상이 하도 예뻐서
고개를 뒤로 젖히고
쪽빛하늘을 올려다 봤습니다.
나는 내게 남아있는 이 모든 슬픔들도
이젠 좀 훨훨 다 날아가 버려달라고
나비처럼 두 팔로 날갯짓하며
뜰마당을 밤새 빙빙 돌았습니다.

눈 깜짝할 사이에

저녁놀이 붉게 물드는
강가에 갓끈을 풀고
동방삭이 쭈그리고 앉아
슥싹 슥싹 숫돌에
시커먼 숯덩거리를
그리도 갈고 있더니만
눈 깜짝할 사이에
52년이 지나 가버렸습니다.

홍매(紅梅)

뜰앞에 붉은 홍매
고운 님 붉은 입술
바람아, 바람아,
내 님앞 지나가거든
꿈길에서 기다린다
전해나 주오.

유월의 밤

밤꽃향 숨막힐 듯
싱그론 유월(榴月)의 밤.
산밭 개구리 개골대고
휘이 휘이 휘파람새.
희뿌연 안개 속에
뒷산 뻐꾸기
두 손 모으고
뻐꾹 뻐꾹
발정난 유월의 밤.

저기 저 하늘을 좀 보아요

은하수가 밤꽃처럼
뿌옇게 흐르고
별들이 세수한 듯
까만 눈썹이 또렷한 꿈.
난 너무 좋아
마당을 이리저리 뛰어다니며
저기 저 하늘을 좀 보아요.
저기 저 하늘을 좀 보아요.
아— 별들이 너무 좋아.
아 아— 저기 은하수도 흐르네.
황홀한 별 밤
어젯밤 꿈.

배신(背信)

언제가 당신은 내게
평생 무거운 십자가를
감당할 수 있겠느냐고 하셨던가요.
당신이 아시는 대로
맨발로 십자가를 지고
골고다의 언덕에서
가시면류관을 쓰고
붉은 피를 뚝뚝 흘리며
십자가에 못박혀 매달려 있었으나
막달라 마리아
당신은 찾아오지 않았습니다.

그 날 밤

산 개울 물속
늙은 감나무 물구나무 서 있고
금빛 달
섣달 보름 찬바람에
부서져 떨고 있네.
그 옛날 그 날 밤도
눈빛 속에 저 달 보며
오대산을 올랐었지.
잊게 해달라고
잊지 말게 해달라고
하얗게 밤새워 기도했지.
무심한 저 달이야
기억이나 할까마는.

어쩌면

어젯밤 꿈속에
글쎄 내가 게이샤였다.
기모노에 하얀 다비를 신은
둥그렇게 머리를 올리고
거울보고 뾰얗게 분칠을 하는
어여쁜 게이샤였다.
어쩌면 전생에 나는
게이샤였는지도 모른다.

아니오

아니오, 아니오.
그렇지 않아요.
나는 당신을 한 번도
떠난 적이 없었습니다.
당신이 환하게 웃으며
뛰어오실 때까지
꽃피는 그 언덕에 서서
당신을 기다리고 있을 겁니다.
당신을 만났던 바로 그 날처럼.

봄밤

군이 술을 마셔 무어하리.
봄밤 기운에 내 이리 취하거늘.

괭이바다

가슴을 풀어헤치고
광기어린 얼굴로
붉은 피를 뚝뚝 입가로 흘리며
그렇게도 많은 사람을
간밤에 잡아먹고도
저 바다는 어쩌면 저렇게도
아무 일도 없는 듯이
아침 해를 띄울 수 있는 것일까.

이제는

자다 일어나
뒷뜰에 나갔더니
어젯밤 나처럼
새벽별들이 잠 못 들고
눈 반짝이고 있더라.
아서라, 아서라.
이제는
이제는
다 잊어버리거라.
다 잊어버리거라.
이제 다 다 잊어버리거라.

살아보니 그렇더라

밤은 별보며 깊어지고
뒷산 개구리 와골와골하다.
개굴아 개굴아.
살아보니 그렇더라.
이 조올 때 마씻능거 마니 묵고
기운 좋을 때 마니 마니 울거라.
늙고 병들면 울고 싶어도 못 우나니.

늙는게 뭐 어때서

장에 나가 싱싱한
고등어 두어 마리 사다가
묵은지로 물 붓고
짜작하게 찌지면 얼마나 마씻는데요.
어디 풋김치만 마씻답미까
마씻는 묵은지가 되면 됩미다.
늙는 게 뭐 어때서.

대면(對面)

스무 살.
모란이 붉게 핀
오월의 어느 날
아침 햇살이
법당마루에 따뜻하게 퍼질 때
삭발을 하였다.
둥근 놋쇠 세숫대야 속에 비친
해사하게 웃는 내 얼굴이
나는 너무 좋았다.

언젠가

가지를 백 번 꺾여도
버드나무는 새 가지가 난다지.
나도 그랬다.
수없이 많이 넘어지고 깨졌지만
나는 언제나 새 가지를 내고 잎을 내었다.
언젠가 저녁놀이 곱게 물들 때
버드나무 가지에 걸터앉아
하모니카를 신나게 불어볼 생각이다.

고백(告白)

실 꿰어 내 마음
따라 따라 가보면
언제나 그곳엔
눈물번진 눈으로
당신이 나를 보며
울고 서 있었습니다.

그대 그리고 나

그대는 밤바다
나는 저 하늘 달이 되었습니다.
그대는 밤마다 달보고
나는 그 바다에 새초롬한
내 얼굴을 비쳐봅니다.
그대는 밤바다
나는 저 하늘 별이 되었습니다.
그대는 밤마다 별보고
나는 그 바다에 눈물번진
내 두 눈을 비쳐봅니다.

눈물로 비시오

당신이 천주께 용서를 빌려거든
천주가 아닌
마리아가 아닌
도저히 치유하기 힘들 정도로
당신이 상처 준
바로 그 사람에게
무릎 꿇고 눈물로 비시오.

진주

가슴 아픈 이 눈물이 진주라면
밤하늘에 던져 고운 수를 놓겠어요.
방울방울 명주실 알알이 꿰어다
무정한 내 님의 목에 걸어드리겠어요.
저기 저 슬픈 곡조에
어깨 흔들리며 우는 저 바다는
밤마다 님 생각에 별 보며 울던
진주조개가 흘렸던 눈물입니다.

오늘은

비가 내리네
비가 내리네
시월의 마지막 슬픈
아픈 비가 내리네.
오늘은 오늘은
열세 살에 죽은
그 옛날 그 옛날
남동생이 태어났던 날
아스라한
호롱불 아래
신기해 하며 너를 보았던
오동잎이 떨어지던
시월의 마지막 밤
잊지 못하네
잊지 못하네.
해피 버스데이 투 유
해피 버스데이 투 유.

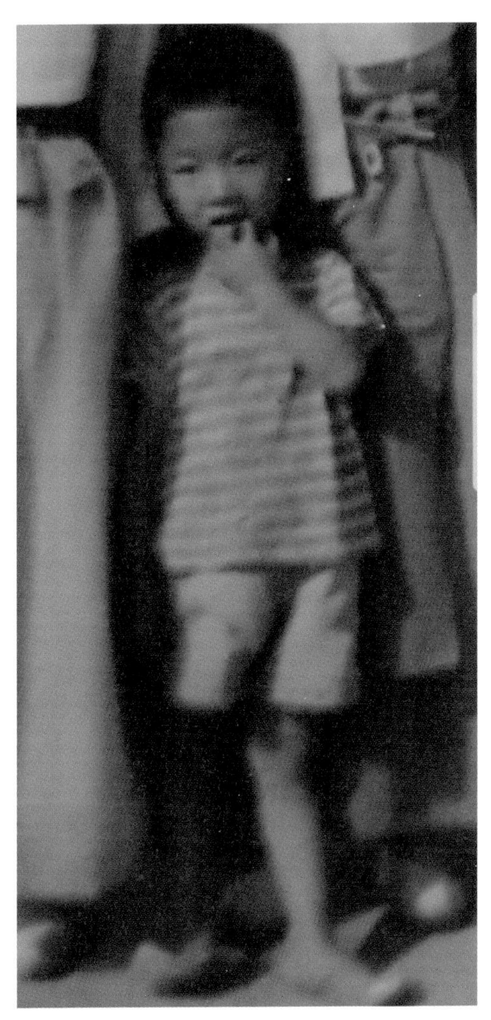

꽃잎 떨어져

어젯밤 찬 비에 꽃잎 떨어져
뒷산 소쩍새 밤새도록 훌쩍댔겠지
소쩍새야 소쩍새야 울지 말거라
내년 봄 이맘 때 니 우는 소리에
진달래는 진달래는 다시 필 테니.

어젯밤 찬 비에 가슴 무너져
오늘밤도 오늘밤도 훌쩍대겠지
훌쩍새야 훌쩍새야 울지 말거라.
오늘밤 오늘밤 니 우는 소리에
달빛이 달빛이 달래줄 테니.

원죄(原罪)

십자가를 지고
평생 살 자신이 있느냐고
내게 물었던 적이 있었지요.
당신은 당신의 하나님이
당신의 죄를 용서해주시던가요? 안드레아,
당신과 나의 원죄(原罪)는
삼 천 년 뒤에 태어난 죄.

그대

그대
못견디게 누군가 보고 싶거든
보고 싶다 말을 하세요.
사랑하고도 말 못했다면
몸살 나도록 당신을 사랑한다 말을 하세요.
저 해를 웃으며 볼 시간이
저 달빛속을 아득하도록 걸어볼 시간이
저 별들을 밤새도록 셀 시간이
우리들에겐 그렇게 많지 않아요.

정말이지 나는 몰랐다

세 살 아래 남동생의 갑작스런 죽음은
내 인생을 완전히 바꾸게 되는
어떤 큰 계기가 되었다.
그 때까지만 해도 정말이지 나는 몰랐다.
내가 가련한 소설속의 여주인공이 될 줄은.

선경(仙境)

흰 눈이 무릎까지
푹푹 빠지던 그 날 밤
눈 쌓인 나뭇가지 잡아 헤치며
오대산을 오를 때
하얀 산속을 비추던
섣달 보름 환희로운 달빛은
하늘에 둥근
등불을 매달아 놓은 듯
가슴 가득 황홀 그 자체였다.
그 날 내가 본 것은
분명 선경이었다.

꿈길

배죽 넘어가는 산길 모랭이
싱그롭던 목화 솜밭길
꼬부장 꼬부라지고 긴 장죽 문
웃마 아무꺼시 할배 목화밭.
샛포란 잎 목화꽃대도
가지마다 몽골몽골 몽울져
달쪽지끈 쵸로롭 목화꽃물을
두 볼이 볼록토록 머금고
일곱 살 단발머리 그 계집아이가
지나길 기다리고 있을테지요.

님아

서러운 꽃잎
갯버들 물 위로 떨어져
흘러 흘러 흘러 돌아서 가네.
아, 아, 꽃같은 내 님아,
별같이 달같이
부디 변치 마오.

할미꽃

내 님의 미뜽 위에 비가 내리네
내 님의 미뜽 위에 비가 내리네
내 님의 미뜽 위에 비가 내리네
내 님의 미뜽 위에 비가 내리네
내 님의 미뜽 위에 비가 내리네

거울속 저 여인

물끄러미
나의 눈을 보고
웃고 서 있는
거울속 저 여인은
아, 천년 전
나의 슬픈 얼굴.

수은독에 얼굴이 뽀얀 여자처럼

비만 오면 나는
미친듯이 어디론가 달려가곤 하였다.
갯내가 젖비린내처럼 나는 바다.
이미 난 바다에 중독된 몸이었다.
달빛이 황홀한 밤이면 나는
홀린듯이 어디론가 몽몽히 걸어가곤 하였다.
갯내가 젖비린내처럼 나는 바다.
이미 난 달빛에 중독된 몸이었다.
수은독에 얼굴이 뽀얀 여자처럼.

황홀한 꿈

황홀한 꿈 깨지도 않았는데
하얀 눈이 밤새 붉은 단풍잎을 덮었다.
괜찮아, 괜찮아, 아무래도 나는 괜찮아
미치도록 뜨겁게 살자고
미치도록 뜨겁게 살자고
미치도록 뜨겁게 살아보자고.

여보세요

사랑이라는 재킷칼로
가슴골이 파이고
또깍또깍 생손톱이 잘려나가
그대로 박제(剝製)가 되어버린
아, 여보세요,
당신도 나처럼
몸부림쳐 아파 운 적이 있으신가요.

까닭

밤하늘의 별들이
저리도 눈빛이 총총한 것은
밤마다 바다에서
푸른 물고기를 잡아먹기 때문이다.
밤하늘의 저 달이
저리도 입술이 도톰한 것은
밤마다 입맞춤을 하기 때문이다.

귀거래사(歸去來辭)

한 목숨이 죽는다는 것은
한 세상이 없어지는 것이다.
한 웅큼 물을 허공 중에 날려
바다 위로 던지는 것과 같은 것이다.
한 송이의 꽃이 땅에 떨어지는 것이다.
태어나기 바로 전 날로 되돌아가는 것이다.

공무도하가(公無渡河歌)

강 건너 언덕에 서서
당신은 나를 오라 손짓하며 서 있지만
나는 나는 저 강을 건널 수가 없어요.
나는 나는 저 강을 건널 수가 없어요.
목매이게 불러보는 나의 그대여.
목매이게 불러보는 나의 그대여.
언제나 우리 만나려나.

일천육백팔십일 명의 노래

밤마다
일천육백팔십한 개의 별들이
괭이바다 위로 내려와
눈물로 이그러진
우리들 얼굴을 비춰주었다.
별들은 밤마다 밤마다 우는 우리를
끝없이 끝없이 안고 달래며 울어주었다.
아, 아 저기 저 슬프도록
아름다운 저 달은
날 살아오라 비시던
우리 어머니의 달.

발간 몸뚱아리에게 고함

너는 왜
그 사내 그 계집의
사랑놀음에 응(應)해
발간 몸뚱아리를 이리 받았느냐.
그 사내 그 계집이
흙으로 돌아갔으므로
너도 그렇게 될 것이니라.

비는 내리고

아프게 내리는
젖은 머리칼의 밤.
몸부림쳐 울고 싶은
상처난 밤
그래요, 그래요.
나는 아파요.
당신도 아파요.
그래요, 그래요.
우리는 너무 아파요.

옛님

아득히
멀고 먼 저 곳에서
나를 내려다보는 저 별은
먼 먼, 아주 먼 먼 옛날
나를 어여삐 안아주시던
옛님의 고운 눈동자.

사랑은 그렇게

고장난 벽시계의 태엽을
밤새 감는 것처럼
사랑은 그렇게
쓸쓸히 눈 감으며
떠나갔습니다.
추억의 골목길을
그대로 남겨두고
어디론가 울면서
뛰어가버렸습니다.

상처

구멍난 가슴이 허전하여
미친듯이 뭔가를 먹었습니다.
먹다 먹다 배가 차면
슬픔으로 쓰러져 울었습니다.
끝간줄 모르는 나의 슬픔은 그렇게
그 날 밤비가 되었습니다.

배신(背信)의 답변

나는 그의 관자놀이에다
총을 대고
"안녕"이라 말하며
세 번 총을 쏘았다.
청어처럼 죽었다는 말은
완전히 숨통이 끊어졌다라는 의미라던데
내가 그의 관자놀이에
총을 쏜 그 순간이 바로 그랬다.
당신은 내게 죽은 거야,
바로 그 청어처럼.

연(鳶)

바람 부는 산 언덕에 서서
얼레를 둘둘 풀며
하늘 높이 하늘 높이
연을 날리며 뛰어 다니다가
연줄을 툭 끊어버려야 할 때가 있다.
지금이 바로 그 때.

먼 훗날

먼 훗날 아주 먼 먼 훗날
우리 가슴에 이름표를 떼어버린 날
눈물도 한숨도 없어지는 날
꽃피는 그 언덕에서 다시 만난 날
후회없이 당신을
죽도록 사랑했노라 나는 말할테요.

난 알아

난 알아.
먼 훗날, 아니 그리 멀지않은 날
당신이 화구 속에 들어가
불꽃이 되는 날
이 세상 그 누구보다도
많이 울게 될 거라는 거.

상사화(相思花)

우중에
뜰에 핀
저 상사화
올해도
피었구나.
가여운
나의
젊은 넋이여.

검은 머리칼의 밤

아득히
아주 먼 먼
옛이야기처럼
부서지는 달빛 속에
하얗게 걷고 있다.
꿈길처럼 헤매돌던
그대와 나
아, 그 옛날
검은 머리칼의 밤.

유령(幽靈)

여기던가,
아, 저기던가,
비오는 형무소(刑務所) 터를
오밤중 나는 유령처럼
밤새도록 빙빙 떠돌며
당신의 발자국을
숨결을
한숨을
빗줄기 속에
온 몸으로 찾고 있다.

비밀

누구라도 가슴속에
한 두가지 비밀은 있다지요.
암호처럼 비밀스럽고
다리 사이처럼 은밀한
그런 극비(極秘)가 있다지요.

적토마(赤兎馬)

세월은 적토마보다
빠르게 천년을 뛰어간다.
나의 속도는 현재
초속 52km 이동중.
아니 근데 이 놈은 어찌된 놈인지
당최 쉬지를 않아.
콩도 싫다네,
당근도 싫다네.

엽서(葉書)

뜰앞의 파초(芭蕉)잎 뚝 따다가
눈썹같이 고운 먹 갈고 또 갈아
굽이굽이 내 사연 적고 적어서
붉은 천 기러기 놈 다리에 묶어
천리 멀리 정든 님께 엽서 띄우네.

보리밥

새야
새야
소쩍새야
배고프거든
살강 위에
내 보리밥
올려 둘테니
밤 깊거든
살짜기
먹고 가거라.

고사(古寺)

옛절에 올라
천 년 전
그 돌부처 마주 했네.
목어(木魚)는 허공에 매달려
아가미 벌렁거리고
소 뱃가죽 큰 북은
둥근 배 만지며
삶은 볏짚
되새김질 하고 있네.

행복이라는 그림

청솔가지 딱딱 꺾어다
아궁이에다 군불을 때고
하얀 쌀밥을 맛있게 지어서
정다운 사람들과
한 방에 빙— 둘러앉아
붉은 김장김치를
두어 포기 손으로 쭉쭉 찢어서
뜨거운 밥에다 얹어
맛있게 함께
얼굴 보며 먹는 것.

고부(姑婦)

난리통에
서른아홉 혼자된 며느리
불 때면서 혼자 울 때
따뜻하신 시오모니
부지깽이 불 붙힌 담배를 건네면서
며눌아가 며눌아가,
이거 피고 속 내리거라.
석탄(石炭)같이 타는 속을
그 누가 울어 알까.

마지막 기차

다시는 돌아오지 않을
마지막 기차.
빗속에 울면서
떠나버렸네.
열아홉
꽃잎 같던 붉은 마음도
가슴 쓰린 상처도 이제는 안녕.
다시는 나
다시는 나
돌아오지 않으리.

시부(媤父)

난리통에
서른아홉 혼자 된 며느리
빨래터 가서 방망이 치다 울 때
따뜻하신 시아바님
며늘아가 며늘아가,
대문 앞에
집 하나 지어줄 테니
좋은 남자 데려와서
우리 같이 살자꾸나.
백탄(白炭)같이 타는 속을
그 누가 울어 알까.

행복이라는 그림

아부지
장에 가서
고등어 사오시고
연탄불에 생김
살짝 살짝 구워서
식구들이
한 방에
빙— 둘러앉아
된장찌개
보골보골 끓여다가
웃으며 저녁밥을
맛있게 먹는 것.
그게 바로 행복이라네.

경고(警告)

모기야
모기야
물지 말거라.
니가
나를
그렇게
자꾸
물고 뜯으면
오늘 밤
황천(黃泉)을
건너게 될 것이니라.

1969

아침이면
감꽃이
노란 감꽃이
온 동네
떨감나무 아래
노랗게
떨어져 있었다.

코고무신
단발머리 계집아이가
하얀 무명실을
자기 키만큼 끊어다가
감꽃목걸이를
목에 두르고
깨춤 추고 웃으며
골목길을 돌아 나온다.

봄바람이 가혹하오

처참하게 구멍 나버린
내 가슴 뒤편 나뭇가지에 앉아
휘파람새가 우오.
앞산엔 진달래가 붉게 피어 있소.
봄바람이 차오.
봄바람이 가혹하오.
한기(寒氣)가 나오.

뒤돌아 생각해보면

검은 머리칼이 비에 젖어
몸부림쳐 울고 방황했었던
그 아픈 청춘의 시간들도
뒤돌아 생각해보면
내 인생에 있어
가장 아름다웠던 순간이었어.

겨울 포구(浦口)

오동잎 떨어져 바람에 딩굴고
빈 배에 차가운 달빛만 쓸쓸히
포구를 보고 섰네.

차라리

그러나 어쩌겠어요.
그것이 모두
우리의 운명이라면
커튼 뒤에 숨어
숨죽인 채
울지 말고
차라리
나처럼
몸부림치고
고함을 쳐 보라구요.

어느 우물가에서 다시 만나리

옛 도량에
다시 만난 도우(道友)
홍안(紅顔)의 얼굴
이젠 주름져 웃네.
밤은 깊고
소쩍새마저 울어
잠이 오지를 않네.
저기 저 언덕 넘어
대추 따러가신 님.
도로로록 목탁소리
도량에 가득 찼네.
억 겁을 돌고 돌아
어느 우물가에서
두레박 줄 올리며
다시 만나리.

* 조모(좌측 두번째)와 증조모(다섯번째) 등 친척 사진

고백(告白)

나는 광대처럼 춤추고
삐에로처럼 웃고 있었지만
땡땡이 줄무늬 옷을 벗을 때면
화장을 지울 때면
늘 울고 있었습니다.
그래요, 맞아요.
그 사람은 오랫동안
나의 전부였습니다.

간이역

우리는
모두
간이역에서
만난 사람들.
손에 손에
무거운 가방을 들고
기적소리에
티켓의 번호를 확인하며
시계를 보고
두리번거리며
각자의 자리를 찾아
승차한다.
우리는 모두
어디로들 가고 있을까.
저마다의 고향으로
끝내 무사히
잘 돌아갈 수 있을까.

작가 프로필

효전(曉典)

경남 양산 내원사 19세 출가
승가대학 졸업 후 선방에 다님
(현) 고성 금구사 창건주지
수필작가 · 한국문학정신 정회원 · 등단작가
들뫼문학 동인 · 불교문예 정회원
한국문학정신 신인문학상(2012)
대한민국 문화포럼 선진문학상(2012)
들뫼문학상(2013)
수필 《춘몽(春夢)》 출간(2013)

나는 이제 아무것도 두렵지 않다.
보다 자유롭게 살 것이다.
보이지 않는 틀에서 나를 영원히 해방시킬 것이다.
나는 나의 선택과 결정을 믿으며
이런 나 자신에게 무한한 경의를 표한다.

떠나가버린 옛님께 바침

초판 1쇄 발행 / 2018년 11월 5일

지은이 효 전
펴낸이 윤형두
펴낸데 범우사

등 록 1996. 8. 3. 제406-2003-000048호
주 소 (10881) 경기도 파주시 광인사길 9-13 (문발동 525-2)
전 화 031)955-6900~4, 팩 스 031)955-6905

홈페이지 www.bumwoosa.co.kr
E-mail bumwoosa1966@naver.com

ISBN 978-89-08-12447-9 03800

* 잘못된 책은 바꾸어 드립니다.
* 값은 뒤표지에 있습니다.

이 도서의 국립중앙도서관 출판예정도서목록(CIP)은 서지정보유통지원시스템(http://seoji.nl.go.kr)과 국가자료종합목록시스템(http://www.nl.go.kr/kolisnet)에서 이용하실 수 있습니다. (CIP제어번호: CIP2018034329)